सुहानी भोर

रामचन्द्र श्रीवास्तव

Made with ♥ on the Notion Press Platform
www.notionpress.com

मेरी यह पुस्तक मेरे परिवार, रिश्तेदार, मित्र, सहकर्मी एवं उन सभी को समर्पित है जिन्होंने मुझे पढ़ा, सुना और मुझ पर विश्वास किया साथ ही मुझे आगे बढ़ कर लिखने के लिए प्रेरित किया। इस पुस्तक के माध्यम से मैं उन सभी का सहृदय धन्यवाद एवं आभार प्रकट करता हूँ और यह विश्वास दिलाता हूँ कि मैं इसी प्रकार निरंतर लेखन कर उनके विश्वास पर खरा उतरने का प्रयास करता रहूँगा।

क्रम-सूची

प्रस्तावना

यह पुस्तक एक हाइकुनुमा संक्षिप्त कविताओं का संग्रह है जिसे लेखक द्वारा हाइकु विधा से प्रेरित होकर लिखा गया है। पुस्तक में प्रस्तुत रचना को पूर्ण हाइकु नहीं कहा जा सकता क्योंकि यह लेखक का हाइकु लिखने का प्रथम प्रयास है और त्रुटी की सम्भावना है, परन्तु लेखक त्रुटी सुधार हेतु प्रतिबद्ध है और आपके विचारों के लिए प्रतीक्षारत है।

हाइकु मूलतः जापानी साहित्य की एक प्रचलित विधा है जो कि हाइकु जापानी साहित्य की सीमाओं को पारकर विश्व साहित्य में महत्वपूर्ण स्थान बना चुका है। आज हिन्दी साहित्य में हाइकु की चर्चा हो रही है और हिन्दी में हाइकु प्रचलन जोर पकड़ रहा हैं।

हाइकु एक जापानी छन्द है जो त्रिपदी होता है और इसमें 5-7-5 के वर्णक्रम का निर्वाह अनिवार्य रूप से किया जाता है। हाइकु सत्रह (17) वर्णों में लिखी जाने वाली सबसे संक्षिप्त कविता है जिसमें तीन पंक्तियाँ रहती हैं। प्रथम पंक्ति में 5 वर्ण, दूसरी में 7 वर्ण और तीसरी पंक्ति में 5 वर्ण रहते हैं। सयुंक्त वर्ण को एक वर्ण गिना जाता है। हाइकु का 17 वर्णों का 5-7-5 का क्रम तीन अलग-अलग वाक्यों में होना चाहिए।

हाइकु का जन्म जापानी साहित्य संस्कृति में हुआ। हाइकु को स्वतन्त्र काव्य विधा के रूप में बाशो ने प्रतिष्ठा प्रदान की। हाइकु का जन्म जापान में रेगां काल में प्रचलित 5-7-5-7-7 वर्ण क्रम में 31 वर्णों की कविता ताँका से हुआ। ताँका की प्रथम तीन पंक्तियाँ बाद में 'होक्कु' के नाम से जानी जाने लगी। 'होक्कु' में ऋतु सम्बन्धी संकेत होना आवश्यक था। रेगां काल में रचित

हास्य प्रधान कविताओं को 'हाइकाइ' भी कहा जाता था। 'हाइकाइ' धीरे-धीरे गम्भीर 'होक्कु' कविता पर हावी होने लगी और 'हाइकाइ' की लोकप्रियता जनसामान्य में बढ़ती चली गयी। 'होक्कु' अथवा 'हाइकाइ' बाद में स्वतन्त्र कविता के रूप में स्थापित हुई और 'हाइकु' के नाम से विकसित हुई।

किसी देश की संस्कृति में पोषित कविता जब अन्य देश, ससंकृति में पहुँचती है तो वहां की संस्कृति व भाषा के अनुरूप इस प्रकार से काया कल्प करती है कि वह कविता उस संस्कृति व देश में आत्मसात हो जाती है व उस देश की प्रतीत होती है। इसी प्रकार जब जापानी कविता हाइकु ने भारत में प्रवेश किया तो वह पूर्ण रूप से भारतीय संस्कार में ढल गयी। इसकी जड़ें तो जापान में है, परन्तु इसकी शाखाएँ अब पूरे विश्व मे फैल चुकी हैं।

हाइकु कवि अपनी अनुभूति को प्रकट करता है परन्तु व्याख्या नहीं करता। यह संवेगो की अभिव्यक्ति की कविता है। हाइकु संकेतो के माध्यम से जीवन के किसी महान सत्य को उजागर करता है। हिन्दी हाइकु ने जापानी हाइकु की संक्षिप्तता और उसके रूप-शिल्प को अपना लिया है। हाइकु मे 5-7-5 का अनुशासन रखना आवश्यक है।

भूमिका

लेखक के रूप में यह मेरी तृतीय पुस्तक है। मेरी पहली पुस्तक काल्पनिक कथा पर एवं दूसरी पुस्तक डिजिटल विपणन (मार्केटिंग) शिक्षा प्रणाली पर आधारित थी। मेरी यह पुस्तक जापानी काव्य विधा "हाइकु" पर आधारित कुछ संक्षिप्त कविताओं का संग्रह है जिसके द्वारा मैंने अपने अंदरूनी विचारों को पाठकों तक प्रेषित करने का प्रयास किया है। भविष्य में भी यह प्रयास अनवरत क्रियाशील रहेगा। मैं आशा करता हूँ कि यह पुस्तक अपने पाठकों को अपेक्षित लाभ पहुँचाएगी। त्रुटिसुधार हेतु पाठकों के विचार सादर आमंत्रित हैं।

1. सुहानी भोर

1

सुहानी भोर
सूरज की लालिमा
पूर्व की ओर

*****

2

सुहानी भोर
खिल उठा जंगल
नर्तक मोर

*****

3

सुहानी भोर
मंदिर में आरती
घंटी का शोर

*****

4

सुहानी भोर
पूजा से भक्तगण
भाव-विभोर

*****

5

सुहानी भोर
सूर्य लगे गिरि से
झाँकता चोर

*****

6

सुहानी भोर
दिखते ना नभ में
चाँद-चकोर

*****

7

सुहानी भोर
तम ने ली विदाई

तारे बटोर

*****

8

सुहानी भोर
चरने चले देखो
डांगर-ढोर

*****

9

सुहानी भोर
रात का दिन पर
चला ना जोर

*****

10

सुहानी भोर
मिटा हर दिशा से
तमस घोर

*****

11

सुहानी भोर
कर्णप्रिय स्वर है
पंछी का शोर

*****

12

सुहानी भोर
टहलते बुजुर्ग
दौड़ें किशोर

*****

13

सुहानी भोर
ले चला कंधे पर
हल कठोर

*****

14

सुहानी भोर
अँधेरा गया हार
जीता अंजोर(1)

*****

15

सुहानी भोर
दिन और रात हैं
जीवन डोर

*****

16

सुहानी भोर
सूर्य के प्रकाश का
ओर ना छोर

*****

17

सुहानी भोर
पुत्र के लिए माँ है
पकाती ठोर(2)

*****

18

सुहानी भोर
नहाते कुछ लोग
नदी के धोर(3)

*****

19

सुहानी भोर
चूसते हैं बालक
गन्ने के पोर

*****

20

सुहानी भोर
प्रेम की वर्षा हुई

ना रहा कोर(4)

*****

21

सुहानी भोर
हास्य और विनोद
ना कहीं लोर(5)

*****

1. उजाला, प्रकाशा
2. एक प्रकार का मैदे से बना हुआ मीठा पकवाना
3. किनारो
4. बैर, वैमनस्या
5. अश्रु, आंसू।

2. हुआ सवेरा

1

हुआ सवेरा
सूर्य का धरा पर
पुनः बसेरा

****

2

हुआ सवेरा
प्रकाश है सभी का

तेरा ना मेरा

*****

3

हुआ सवेरा
चहुँओर उजाला
गुम अँधेरा

*****

4

हुआ सवेरा
रात के घर पर
सूर्य का डेरा

*****

5

हुआ सवेरा
कमाने को घर से
चला कमेरा(1)

*****

6

हुआ सवेरा
रजनी से दिवस
करे खखेरा(2)

*****

7

हुआ सवेरा
सुहाना है मौसम
छंटा कुहेरा

*****

8

हुआ सवेरा
उड़ गया धूल सा
तम घनेरा

*****

9

हुआ सवेरा
रात्रिचर ग्रहों को
सूर्य ने घेरा

*****

10

हुआ सवेरा
बनाता मृदा पात्र
जाग ठठेरा

*****

1. काम करने वाला
2. मजाक, उपहास

3. नव विहान

1

नव विहान

मुर्गे की बांग सुन

जागा किसान

*****

2

नव विहान

चराचर जगत

प्रकाशमान

*****

3

नव विहान

धर्मार्थ कार्य कर

बनें महान

*****

4

नव विहान

कहीं होता पूजन

कहीं अजान

*****

5

नव विहान

फ़रक नही कोई

सभी समान

*****

6

नव विहान

खुशियों से रोशन

सारा जहान

*****

7

नव विहान
शंखध्वनी से जग
गुंजायमान

*****

8

नव विहान
भक्त श्रीचरणों में
लगाते ध्यान

*****

9

नव विहान
चल पड़े विद्यार्थी
लेने को ज्ञान

*****

10

नव विहान
गुरुकुल में होता
विद्या का दान

*****

11

नव विहान
गले लगा सबको
अपना जान

*****

12

नव विहान
सबका भला कर

रामचन्द्र श्रीवास्तव

होगा सम्मान

*****

13
नव विहान
स्वर्ग माता पिता से
तेरा मकान
*****
14
नव विहान

**परमात्मा से जग
चलायमान**

*****

15

नव विहान
मुश्किल नहीं कुछ
तू गर ठान

*****

16

नव विहान
अंत काल सबको
जाना श्मशान

*****

17

नव विहान
माँ बाप का कहना
थोड़ा तो मान

*****

18

नव विहान
यहीं रह जाएगी
तेरी दुकान

*****

19

नव विहान
अच्छे बुरे लोग
तू पहचान

*****

20

नव विहान
संघर्ष बिना जीना
कहाँ आसान

*****

21

नव विहान
लिख शुभ कर्मों की
एक दास्तान

*****

22

नव विहान
बाधा को छोड़कर
ढूँढो निदान

*****

23

नव विहान
पापकर्म को त्याग
बनो इंसान

*****

24

नव विहान
करता है आदित्य
विजयगान

*****

25

नव विहान
सूर्य का आशीष ले,
है ऊर्जावान

*****

26

नव विहान
सूर्य देकर ऊर्जा
फूंकता प्राण

*****

27

नव विहान
निज लक्ष्य का आओ
करें संधान

*****

28

नव विहान
सम्मान से सम्मान
पाओ श्रीमान

*****

29

नव विहान
मुख्य ग्राम्य जीवन
खेत, गौठान

*****

30

नव विहान
ध्यान से चरित्र का
करो निर्माण

*****

31

नव विहान

रखना बचा कर
आत्मसम्मान

*****

32
नव विहान
बनो विश्वासी जैसे
होता है श्वान

*****

33
नव विहान
बुरा है किसी का भी
अति बखान

*****

34
नव विहान
झगड़े की जड़ है
झूठा बयान

*****

35
नव विहान
पूरक परस्पर
तेग व म्यान

*****

36
नव विहान
सावधान मिले तो
मीठी जुबान

*****

37

नव विहान

सदा कुछ नहीं तो

क्यूँ अभिमान

*****

38

नव विहान

तम हुआ धरा से

है अंतर्ध्यान

*****

39

नव विहान
भक्तवत्सल हैं जो
वो भगवान

*****

40

नव विहान
अँधेरे का पूर्णत:
हुआ प्रस्थान

*****

41

नव विहान
उजाला है ज्ञान तो
तम अज्ञान

*****

42

नव विहान
स्वतंत्र देश, ना
कोई लगान

*****

43

नव विहान
करते हैं व्यायाम
बांके जवान

*****

44

नव विहान

धरा पे सभी जन
हैं मेहमान

*****

45

नव विहान
सूर्य हमारा करे
है परित्राण(1)

*****

46

नव विहान
मन ना मिले तो क्यों,
ग्रह मिलान?

*****

47

नव विहान
ज्ञान के संचय में
मन हैरान

*****

48

नव विहान
भीतरी अज्ञान से
हैं परेशान

*****

49

नव विहान
अविचारी मस्तिष्क
खाली मैदान

*****

50

नव विहान

आज-कल लोगों के

कच्चे हैं कान

*****

51

नव विहान

जीवन की पूर्णता
योग व ध्यान

*****

52
नव विहान
आओ कर्मठ बनो
होगा उत्थान

*****

53
नव विहान
बूढ़ों का जमघट
भरा दालान

*****

54
नव विहान
वीरों का आभूषण
अभयदान

*****

55
नव विहान
छलांग लगा छूना
है आसमान

*****

56
नव विहान
घर घर में गूंजे
जै हिंदुस्तान

*****

57

नव विहान
प्रेरक कर्म करो
सीखे संतान

*****

58

नव विहान
मोक्षप्राप्ति है लक्ष्य
भक्ति सोपान(2)

*****

59

नव विहान
भारतीय होना ही
है वरदान

*****

60

नव विहान
सत्य ही जीवन है
वर्ना निष्प्राण

*****

61

नव विहान
प्रकाश पुंज का हो
रहा आह्वान

*****

62

नव विहान
सत्पथ पर चलो
होगा कल्याण

*****

63

नव विहान
रामायण की शिक्षा
जीता प्रमाण

*****

1. रक्षा
2. सीढ़ी

4. अरुणोदय

1

अरुणोदय
अन्धकार से अब
चिंता न भय

*****

2

अरुणोदय
चरित्र निर्माण को
नहीं संशय

*****

3

अरुणोदय
भक्त भक्ति में हुआ
आनंदमय

*****

4

अरुणोदय
प्रातः की निशा पर
हुई विजय

*****

5

अरुणोदय
स्वयं का चरित्र से
दें परिचय

*****

6

अरुणोदय
जरुरी लक्ष्य हेतु
दृढ निश्चय

*****

7

अरुणोदय

शुभ कर्म करें, हो
पुण्य संचय

*****

8

अरुणोदय
हानिकारक, कुछ
भी अतिशय

*****

9

अरुणोदय
क्रोध पर काबू, तो
शांत प्रलय

*****

10

अरुणोदय
संस्कारों का पतन
क्यों है विस्मय

*****

11

अरुणोदय
आज हर मुख पे
है अभिनय

*****

12

अरुणोदय
संस्कारहीन ना हों
है अनुनय

रामचन्द्र श्रीवास्तव

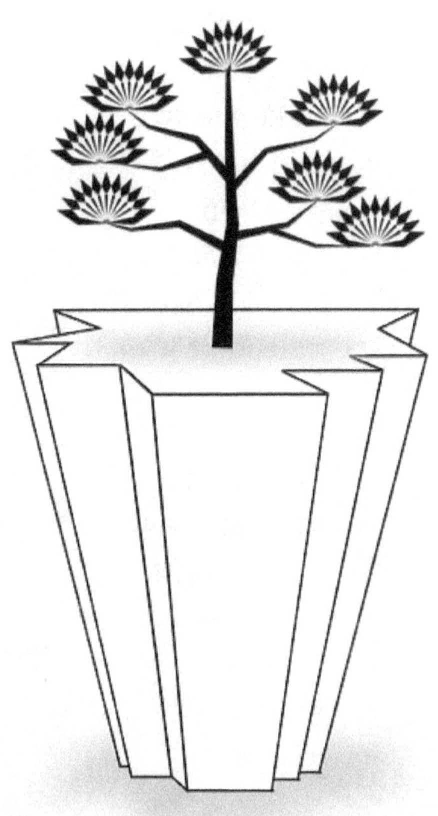

13

अरुणोदय

जन्मदाता कभी ना
हों निराश्रय

*****

14

अरुणोदय

वक्त व धन का ना
हो अपव्यय

*****

15

अरुणोदय

क्या बीता समय हो
सकता क्रय?

*****

16

अरुणोदय

पीछे सदा मनुष्य,
आगे समय

*****

5. शुभ प्रभात

1

शुभ प्रभात
सकारात्मकता की
है शुरुआत

*****

2

शुभ प्रभात
चौकन्ने रहो, न हो
कोई आघात

*****

3

शुभ प्रभात
हँसें, करें खुशियों
की बरसात

*****

4

शुभ प्रभात
डटे रहो, हो चाहे
कोई हालात

*****

5

शुभ प्रभात
प्रकृति ईश्वर की
प्यारी सौगात

*****

6

शुभ प्रभात
भारत की शान है
गाँव-देहात

*****

7

शुभ प्रभात
नहीं करना कभी
विश्वासघात

*****

8

शुभ प्रभात
ना जानें कब मिलें
ईश साक्षात

*****

9

शुभ प्रभात
प्रयास रहे नहीं
हो रक्तपात

*****

10

शुभ प्रभात
मनुष्य की नहीं है
अलग जात

*****

11

शुभ प्रभात
करना नहीं कभी
भी पक्षपात

*****

12

शुभ प्रभात
लोभ छोड़, हो चाहे
जवाहरात

*****

13

शुभ प्रभात
हार मान चल दी

अँधेरी रात

*****

14

शुभ प्रभात
ईश के समक्ष क्या
तेरी बिसात?

*****

15

शुभ प्रभात
निज कर्मों से ही तू
होगा विख्यात

*****

16

शुभ प्रभात
कर्मों पे तेरा हक़
फल अज्ञात

*****

17

शुभ प्रभात
अब नहीं कीमती
कोई जज्बात

*****

18

शुभ प्रभात
हल ढूँढो प्रेम से
बनेगी बात

*****

19

शुभ प्रभात
क्या कभी ख़ुद से की
है मुलाकात?

*****

20

शुभ प्रभात
आज कल पूछते
लोग औकात

*****

6. प्रातः की बेला

1

प्रातः की बेला
असत्य है शहद
सत्य करेला

*****

2

प्रातः की बेला
विद्या के प्रसारक
गुरु व चेला

*****

3

प्रातः की बेला
गुण है तो अमूल्य
वरना धेला

*****

4

प्रातः की बेला
कौन समझ पाया
प्रभु का खेला

*****

5

प्रातः की बेला
यह जीव जगत
आत्मा का मेला

*****

6

प्रातः की बेला
सब यहीं छोड़ के
जाना अकेला

*****

7

प्रातः की बेला
कौन है वो जिसने
कष्ट ना झेला

*****

8

प्रातः की बेला
प्रेम पूर्वक जियो
छोड़ो झमेला

*****

9

प्रातः की बेला
सत्य का प्रतिद्वंदी
झूठ का रेला

*****

10

प्रातः की बेला
इंसान है आखिर
मिट्टी का ढेला

*****

11

प्रातः की बेला
स्नेह के मध्य क्या है,
सगा सौतेला

*****

7. प्रभातकाल

1

प्रभातकाल

समस्था है तेग तो

माँ पिता ढाल

*****

2

प्रभातकाल
मुश्किल से माँ बाप
देते निकाल

*****

3

प्रभातकाल
असत्य भाषण है
जी का जंजाल

*****

4

प्रभातकाल
लोभी की सदा नहीं
गलती दाल

*****

5

प्रभातकाल
पुरानी बातों पर
परदा डाल

*****

6

प्रभातकाल
चरित्र उच्च हो तो
कैसा सवाल?

*****

7

प्रभातकाल
पुत्र को देख माता
सदा निहाल

*****

8

प्रभातकाल
जगत ईश्वर का
है मायाजाल

*****

9

प्रभातकाल
दीन पर कृपालु
दीनदयाल

*****

10

प्रभातकाल
शुभ कर्मों को आप
करें तत्काल

*****

11

प्रभातकाल
पापकर्मी का होगा
हाल बेहाल

*****

12

प्रभातकाल

तनाव से हो रहा
जीना मुहाल

*****

13

प्रभातकाल
हृदय में संशय
ना कभी पाल

*****

14

प्रभातकाल
सुना है, रखती हैं
कान दिवाल

*****

15

प्रभातकाल
कुकर्म छोड़ वर्ना
होगा बवाल

*****

16

प्रभातकाल
वृद्ध माता-पिता हैं
रखना ख्याल

*****

17

प्रभातकाल
कलयुग में उल्टी
सभी की चाल

*****

18

प्रभातकाल
अपने चरित्र को
थोड़ा सम्हाल

*****

19

प्रभातकाल
वर्जित है दूजे का

पैसा व माल

*****

20

प्रभातकाल
जलाएं अच्छाई की
आओ मशाल

*****

21

प्रभातकाल
गौ माता को चराने
चले गोपाल

*****

22

प्रभातकाल
प्रकटें आभार, हैं
प्रभु कृपाल

*****

23

प्रभातकाल
कर्म करें ऐसे कि
बने मिसाल

*****

24

प्रभातकाल
प्रकृति ने क्या क्या है
किया कमाल

*****

25

प्रभातकाल
आपस में न बैठें
फुलाए गाल

*****

26

प्रभातकाल
एक दिन तो होंगे
सभी निढाल

*****

27

प्रभातकाल
काम करो ऐसे हो
इस्तकबाल(1)

*****

28

प्रभातकाल
सूर्य लगे पूर्व से
झाँके जमाल(2)

*****

29

प्रभातकाल
सूर्य और नभ का
होता विसाल(3)

*****

30

प्रभातकाल
राह चलें कंटकों
को देखभाल

*****

31

प्रभातकाल
क्रोध को दिल में न
करें बहाल

*****

32

प्रभातकाल
जब भी हो मधुर
हो बोलचाल

*****

33

प्रभातकाल
कष्ट को निमंत्रण
होना वाचाल(4)

*****

34

प्रभातकाल
योग्यता को बढ़ाएं
हेतु उछाल

*****

35

प्रभातकाल
व्यक्तित्व हो जग में
तेरा विशाल

*****

36

प्रभातकाल
वीरों को पूजते हैं
सजा के थाल

*****

37

प्रभातकाल
मोक्ष लक्ष्य, जग है

भंवरजाल

*****

38

प्रभातकाल
सचेत, हम नहीं
अनंतकाल

*****

39

प्रभातकाल
पराई वस्तु पे न
नज़र डाल

*****

40

प्रभातकाल
दान-पुण्य देते हैं
होनी को टाल

*****

41

प्रभातकाल
कुछ तो अच्छा करें
हरेक साल

*****

42

प्रभातकाल
आते दुर्विचार तो
रखें द्वारपाल

*****

43

प्रभातकाल
जरुरी विद्यालय
व अस्पताल

*****

1. सम्मान
2. सौंदर्य
3. मिलन
4. अधिक बोलने वाला

8. सूर्यप्रकाश

1

सूर्यप्रकाश
रात्रि को मिल गया
है अवकाश

*****

2

सूर्यप्रकाश
प्रकाशित हो उठा
सारा आकाश

*****

3

सूर्यप्रकाश
गाँव छोड़ निकले
रोजी तलाश

*****

4

सूर्यप्रकाश
पापकर्म से डरो
वर्ना विनाश

*****

5

सूर्यप्रकाश
तू अपने आपको
ख़ुद तराश

*****

6

सूर्यप्रकाश
न तुझे झुकना न
होना निराश

*****

7

सूर्यप्रकाश

गर्त में है खींचता
लोभ का पाश

*****

8

सूर्यप्रकाश
मंजिल अभी दूर
क्यूँ तू हताश

*****

9. उषा किरण

1

उषा किरण
विलुप्त हुए सारे
हैं तारेगण

*****

2

उषा किरण
प्रकाश ने लगाया
रात्रि ग्रहण

*****

3

उषा किरण
सूर्य की विजय के
हैं लक्षण

*****

4

उषा किरण
भास्कर हमें देता
है संरक्षण

*****

5

उषा किरण
कीजिए निजकर्मों
का निरीक्षण

*****

6

उषा किरण
अशुभ कर्म पूर्व
रुकें तत्क्षण

*****

7

उषा किरण
जीवन मार्ग एवं

शील भूषण

*****

8

उषा किरण
ईश्वरीय तत्व है
प्रत्येक कण

*****

9

उषा किरण
स्वयं दोषमुक्त तो
दोषारोपण

*****

10

उषा किरण
भक्ति भाव से करो
पूजा अर्पण

*****

11

उषा किरण
हृदय तुम्हारा है
सच्चा दर्पण

*****

12

उषा किरण
निर्भीक बन लड़ो
कैसा भी रण

*****

13

उषा किरण

रावण का पतन

सीताहरण

*****

14

उषा किरण

ईश्वर से प्रथम

गुरु चरण

*****

15

उषा किरण

नपा-तुला अपना

हो आचरण

*****

16

उषा किरण
समाज हेतु बनें
उदाहरण

*****

17

उषा किरण
सुविचार को सदा
रखें स्मरण

*****

18

उषा किरण
महात्माओं का करें
अनुसरण

*****

19

उषा किरण
प्रभु लें कल्याणार्थ
अवतरण

*****

20

उषा किरण
वीरों का देशहित
मृत्यु वरण

*****

21

उषा किरण

आज कल मुख पे

छद्मावरण

*****

22

उषा किरण

अनुशाषित रखें

मन हिरन

*****

23

उषा किरण

सत्पथ पे चलना

लीजिए प्रण

*****

24

उषा किरण

रक्षा हो उसकी जो

आए शरण

*****

10. नई सुबह

1

नई सुबह
रात जाने लगी है
कानों में कह

*****

2

नई सुबह
मन का मैल जाए

निकल बह

*****

3

नई सुबह
न रहे हृदय में
शक-शुबह

*****

4

नई सुबह
राम वनगमन
वर्ष चौदह

*****

5

नई सुबह
अहंकारी महल
जाता है ढह

*****

6

नई सुबह
उपरवाले के हाथ
मात व शह

*****

7

नई सुबह
झगड़े की न छोड़ो
कोई वजह

*****

8

नई सुबह
न हो परिवार में
क्लेश-कलह

*****

9

नई सुबह
नफ़रत से अच्छी
होती सुलह

*****

10

नई सुबह
प्रेरक बनो, जियो
इस तरह

*****

11

नई सुबह
प्रभु की आस तो क्या
गोचर ग्रह

*****

12

नई सुबह
विशुद्ध विचारों का
कीजै संग्रह

*****

13

नई सुबह

रामचन्द्र श्रीवास्तव

नेक बनें आपसे
यही आग्रह

*****

14

नई सुबह
सुसंगठित बनें
खोल गिरह

*****

15

नई सुबह
मान-सम्मान देवें
छोड़ जिरह

*****

16

नई सुबह
परिवार को जोड़ें
कुछ भी सह

*****

17

नई सुबह
कुकर्म फल होता
है भयावह

*****

18

नई सुबह
रामचन्द्र आपसे
कहता यह

*****

|| समाप्त ||